大神神社

四季の祭り

拝殿　重要文化財

大神《おおみわ》神社について

はじめに

第十代崇神《すじん》天皇の御代、疫病が流行り国民の多くが亡くなるという国難が起こった。その時、三輪山の大物主大神《おおものぬしのおおかみ》が天皇の夢枕に現れ、「わが子孫、大田田根子《おおたたねこ》を神主とせよ。そうすれば国は平和を取り戻すであろう」と告げた。天皇は大田田根子を探し出し、大神を祭る神主としたところ、疫病は治まり国は富み栄えたと言う。このことが大神神社の二千年余の歴史を有する大祭、春と秋の大神祭《おおみわまつり》の起源である。長い歴史の中で祭りが受け継がれ、中には姿を変えた祭り、新しく生みだされた祭りもあった。ただ、変わらないものは神への真摯な祈りである。現在、大神祭をはじめ一年を通して数多くの祭りが営まれる。本書では、この大神神社の四季の祭りと神への祈りを紹介したい。そこで、神社を知っていただくために、まず由緒やご祭神についてお話しよう。

神社の由緒

奈良盆地の東南にあり、円錐形の美しい姿をみせる三輪山は、大物主大神《おおものぬしのおおかみ》が鎮まる山として遙か昔から仰がれてきた。大神神社はこのお山をご神体として祭る。当社のはじまりは『古事記』や『日本書紀』の神話に記されている。『古事記』ではご祭神の大物主大神が出雲の大《おお》国主神《くにぬしのかみ》の前に現れ、国造りを成すために「吾《われ》をば倭《やまと》の青垣、東の山の上にいつきまつれ」と自ら三輪山に祭られることを望んだと記す。また、『日本書紀』でも同様の伝承が語られ、二神の問答で大物主大神は大国主神の「幸魂《さきみたま》・奇魂《くしみたま》」であると名乗られた。大国主神の「幸魂・奇魂」という魂が顕れて、三輪山に鎮まられたということである。神社の創祀が記紀の神話に詳しく記されることは稀有のことで、大神神社が神代に始まった古社中の古社と認識されていたことがわかる。そして、ご祭神がお山に鎮まるために、古来本殿は設けずに三輪山を直接に拝するという原初の神祀り、神社祭祀の祖形が厳しく守られてきた。この祭祀のあり方こそが我が国最古の神社と呼ばれる所以《ゆえん》である。

人の世となり、第十代の崇神《すじん》天皇は神孫の大田田根子《おおたたねこ》を神主とし、国家の守護神として大神を篤く祭らせられ、疫病の蔓延という国難を克服された。記紀の崇神天皇のくだりには大物主大神の祭祀のことが詳しく記され、崇神天皇以後のご歴代の皇居の多くが三輪山周辺に営まれたことからも、大神が王権にとって格別に敬われた神であったことがわかる。

天武天皇五年(六七六年)には既に相嘗祭《あいなめ》の班幣《はんぺい》に預り、律令時代には『大宝律令《たいほうりつりょう》』(七〇一年)に鎮花祭《はなしずめのまつり》と摂社率川《いさがわ》神社の三枝祭《さいくさのまつり》が国家の祭祀として定められる。鎮花祭は崇神朝に大神を丁重に祭ることで疫病が終息した故事により始まったとされ、国民の平穏を祈る朝廷にとって、防疫の霊験を示す鎮花祭や同じ疫病除けの三枝祭は欠くことのできない祭祀であった。

平安時代になると、貞観《じょうがん》元年(八五九年)には最高位の正一位の神階を授けられ、大神祭《おおみわまつり》も公祭となり勅使が使わされることとなる。延喜《えんぎ》の制には大神神社は官幣《かんぺい》大社として祈年、新嘗、月次、相嘗の幣に預かるなど殊遇を受けた。そして、朝廷が格別に尊崇した畿内の主要神社、二十二社の一つに列し、各国々で神社の序列が進み、一の宮の制度ができると当社は大和国一の宮となった。

中世には神祇信仰に篤い僧侶達が仏教の側からの神道説を形成し、三輪流神道が生まれる。平等寺を開いた慶円《きょうえん》上人を創始とし、後に西大寺の叡尊《えいぞん》上人がこの教説を発展させ、大物主大神や伊勢の天照大御神が大日如来と同体であるとの説が生まれ、大神神社の神宮寺である平等寺・大御輪寺《だいごりんじ》を中心に継承されていった。

近世になると大神神社の社領は徳川幕府によって安堵、朱印状が与えられ、神の山である三輪山は格別の保護をうける。現在の拝殿は第四代将軍徳川家綱公の命により寛文《かんぶん》四年(一六六四年)に再建された。

明治時代に入ると明治四年に社格制度が定められ、古くからの由緒により全国二十九社の官幣大社の一つとして最高の社格を賜った。そして、先の大戦後は国家の管理を離れたが、数々の社頭整備を行い、信仰篤い人々に支えられ、社頭は賑わい今日に至っている。

ご祭神

ご祭神の大物主大神《おおものぬしのおおかみ》は古典に国造りの神、国家の守護神、防疫神として高い神威を顕したことが記される。『延喜式』所収の祝詞、「出雲国造神寿詞《いずものくにのみやつこかむよごと》」には「己命《おのれみこと》(大穴持命《おおなもちのみこと》)の和魂《にぎみたま》を(中略)倭大物主櫛𤭖魂命《やまとのおおものぬしくしみかたまのみこと》と名《みな》を称《たた》へて、大御和《おおみわ》の神奈備《かむなび》に坐《ま》せ」とあり、ご祭神は詳しくは倭大物主櫛𤭖魂命と申し上げ、皇室の近き守り神として三輪山に鎮まられたとある。そして、大国主神（大己貴命《おおなむちのみこと》）と同神であり、幸魂《さきみたま》（身体を守って、幸せに導く働き）と奇魂《くしみたま》（万事を知り弁《わきま》え、霊妙なる力で物事を成就させる働き）の霊威から、ご祭神は今に至るまで、農・工・商業すべての産業開発、方除《ほうよけ》、治病、造酒、製薬、禁厭《まじない》、交通、航海、縁結びなどに霊験を示し、世の中の幸福を増し進めることを計られた人間生活の守護神として尊崇されている。

また、ご祭神が蛇に姿を変えた伝承から、蛇は大神の化身と信じられた。古くは、蛇は霊的な生き物で、水を司どる力を持つと観念された。水神として稲の豊穣をもたらす蛇の信仰が、やがて福徳・財宝をもたらす信仰ともなり、現在も大神神社の信仰の一つとなっている。

三輪山の磐座《いわくら》と神杉

神の籠《こ》もる山として仰がれる三輪山は、高さ四六七メートル、周囲一六キロメートル、面積三五〇ヘクタールで、松・杉・檜など木々に覆われ、一木一草に至るまで神宿るものとして尊ばれる。三輪山は奈良盆地の東端を南北に走る春日山系に属するが、他の山が風化しやすい花《か》崗岩《こうがん》で形成されるのに対し、斑糲岩《はんれいがん》という堅硬な岩からできている。地表には斑糲岩が多く露出し、黒く堅い岩は神さびた雰囲気を醸し出す。この岩が神霊の鎮まる磐座として祭りの対象となったのであろう。現在も山中、山麓には多くの磐座が点在しており、幾つかは祭祀遺跡として知られ、祭祀遺物が見つかっている。『大三輪神鎮座次第』（嘉禄二年・一二二六）という縁起によれば、「当社古来宝倉《ほくら》なく、唯三箇鳥居有るのみ、奥津磐座《おきついわくら》に大物主命、中津《なかつ》磐座に大己貴命、辺津《へつ》磐座に少彦名命」とあり、三神が鎮まる磐座が示されている。現在も三輪山の磐座は、山頂東方の磐座群、山の中腹の各稜線の磐座群、そして拝殿東方ほか磐座神社、夫婦石を含めて山麓の磐座群と三群に大別できる。磐座信仰は神社の原初のあり方を覗わせ、大神神社の信仰の表徴でもある。

また、三輪山の杉は『万葉集』をはじめ多くの歌集に詠われ、禁忌的な性格とも相まって「三輪の神杉」として神聖視されてきた。『古今和歌集』所収歌に「我が庵《いほ》は　三輪の山本　恋しくば　とぶらひ来ませ　杉立てる門《かど》」とあり、この歌は三輪明神の御神詠と伝授された。これ以後の勅撰集には神山の杉が多く詠まれ、三輪山を表現する場合、杉は詠みこむべき景物とされた。近世初頭にはご祭神の酒造りの神徳から、霊験のある神杉の枝を酒屋の軒先に吊るす風習（杉玉の原型）が広がった。三輪の神杉も磐座と共に大神神社を象徴する一つといえる。

大神神社——四季の祭り——

目次

三輪山の夜明け

四季のお祭り

一月　繞道祭（にょうどうさい）

年頭に浄火を献じて国家の安泰と国民の平安を祈る繞道祭から大神神社の一年の祭りが始まる。新年午前零時、禁足地で宮司により御神火が鑽《き》り出される。午前一時からの繞道祭でこの御神火は小松明にうつしとられ、神職が拝殿正中を走り抜けて拝殿前の先入道《さきのにゅうどう》・神饌松明《しんせんたいまつ》・後《あとの》入道《にゅうどう》という三本の大松明《おおたいまつ》に点火される。この大松明を氏子の若者がかつぎ、山麓に鎮座する摂末社を繞《めぐ》るのである。勇壮な火の祭典、大和の初春は繞道祭で始まる。

浄闇の拝殿を松明が駆け抜ける

御神火

御神火

御神火

雪の三輪山

二月 節分祭（せつぶんさい）

裃《かみしも》を着けた年男・年女が拝殿より賑やかに福豆と福餅を撒く。大神神社の開運厄除の節分祭・福寿豆撒き式は、ご神体が三輪山であることから「福は山」の掛け声と共に豆が撒かれる。拝殿前は参拝者で埋め尽くされ、宮司の発声に合わせて福豆と福餅が撒かれると、斎庭からは大きな歓声が上がる。撒かれる福餅の中には大黒様のお面などの縁起物が当たる福引きの紙が入っており、境内は福を授かった人々の笑顔に満ち溢れる。

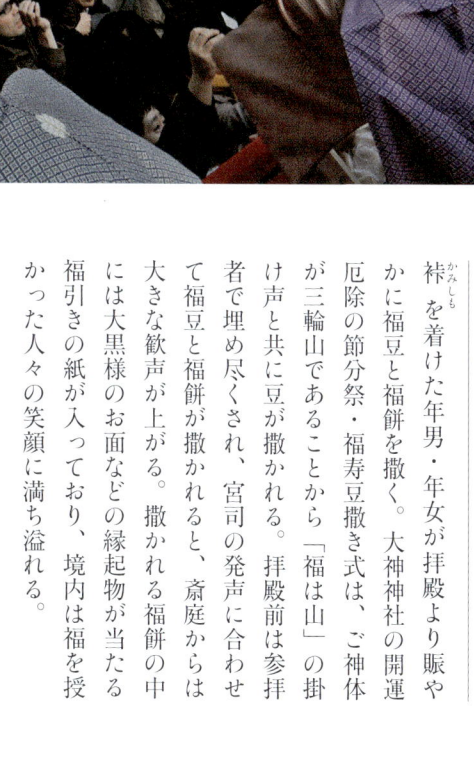

二月 おんだ祭

この祭りは春の初めに五穀豊穣を予祝する。その昔は正月の初卯の日に行われていた。拝殿の向拝《こうはい》下を神田に見立て、鍬、木型の牛、練り棒を使って白丁《はくちょう》姿の田作り男が台詞《せりふ》も面白おかしく田作りの所作を演じる。大きな笑いが参拝者から起きれば起きるほど豊作になると言われている。神職が水をそそぐ所作を行う水口《みなくち》祭《まつり》、田作り男が籾種《もみだね》を撒く時の古風な台詞回し、早乙女が松苗を手に、太鼓に合わせて田植えを行う所作など、おんだの神事はすこぶる古式を留めている。

三月・九月

春(秋)の講社崇敬会大祭

ご祭神とご神縁を結ぶ全国の報本講社の講員、崇敬会の会員の隆昌と平安を祈る祭典が春秋に行われる。祭典では「浦安の舞」を正装束の巫女が優雅に舞い納める。そして神職と参列者が共にみわ鈴を振り鳴らす鈴行を行い、「大祓詞《おおはらえのことば》」や「神拝詞《しんぱいし》」を唱え、神前に篤い祈りを捧げる。また講員、崇敬会員が一丸となってこの祭りを盛り上げる。和太鼓の演奏、千本杵餅つき、福袋に飲食・バザー店など盛りだくさんの神にぎわいで社頭は終日賑わう。

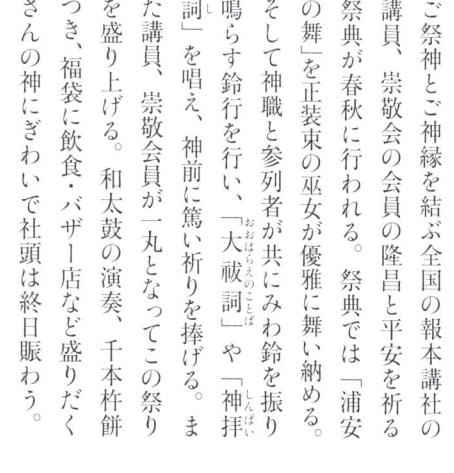

▲青年会の大美和太鼓

▼千本杵餅つき、伊勢音頭で餅をつく

斎庭に並ぶ氏子郷の旗

四月　春の大神祭（おおみわまつり）

第十代崇神《すじん》天皇の御代に疫病が大流行し、国民の多くが亡くなるという国難が起こった。神託により神孫の大直禰子命《おおたたねこのみこと》（大田田根子命）にご祭神を祭らせたところ、平安が戻り国が富み栄えたという。

このことに起源をもち、二千年余の伝統を誇る大祭は、卯の日に祭祀が始まったことから、古くは「卯の日神事」と呼ばれ、四月と十二月の上卯日に執行された。祭典は宵宮祭、大神祭、後宴《ごえん》祭と三日間にわたる重儀である。大直禰子命（若宮）を神主として迎えた故事により、若宮のご分霊を若宮社から本社にお遷しすることから祭儀が始まる。九日には例祭の大神祭が大祭式で盛大に行われ、神楽「うま酒みわの舞」が奉奏される。午後からは若宮のご分霊を神輿にお遷しし、三輪の町中を巡幸する若宮神幸祭が行われる。神輿を中心に、馬に乗った宮司以下神職、幟や神宝を持った時代装束姿の氏子、稚児や甲冑騎馬武者などが供奉して三輪の町を巡る。翌日の後宴祭の後に、若宮のご分霊を若宮社にお戻しし、正午からは祭りを締めくくる後宴能が催される。斎庭に設けられた舞台で、神社ゆかりの能「三輪」、狂言「福の神」などが演じられ、三日間にわたる春の大神祭はめでたくとり納められる。

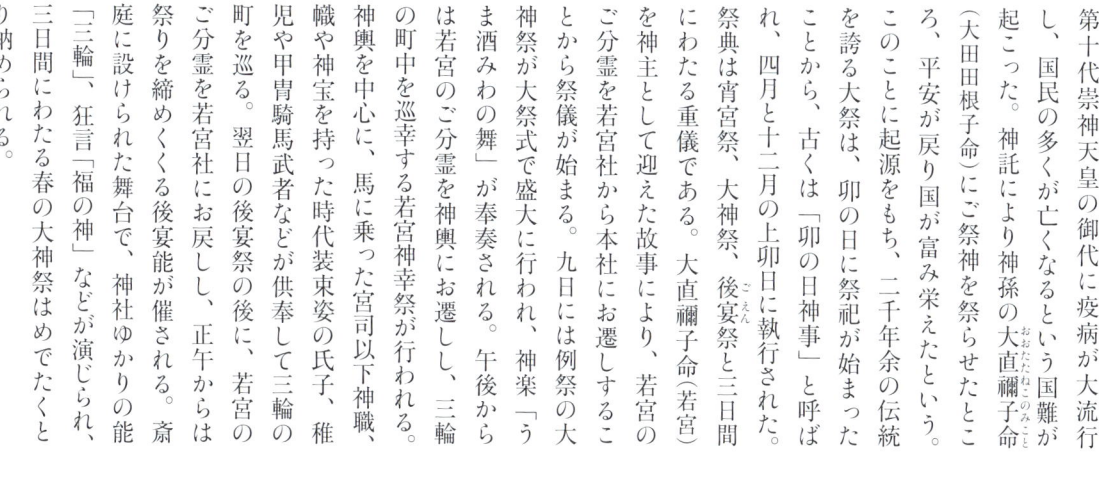

▲若宮社に参進する祭員

▲若宮の大前に宮司祝詞を奏す

▼若宮のご分霊を本社にお遷しする

▲春の大神祭　うま酒みわの舞

▼三ツ鳥居前大床　宮司玉串を奉る

春の大神祭　宮司以下祭員斎館を出で立つ

▲若宮神幸祭　神輿に供奉する宮司

▲若宮神幸祭　伶人と巫女

▼若宮神幸祭　甲冑騎馬武者

▲若宮のご分霊の還御

▲後宴能　狂言「福の神」

▼後宴能　能「三輪」

百合根と忍冬に桃の花を添えた特殊神饌

四月 鎮花祭（はなしずめのまつり）

春の花びらが散る時に疫神《えきじん》が分散して流行病を起こすために、これを鎮めるために行われ、『大宝律令』（七〇一年）に国家の祭祀として行うことが定められていた。大神神社だけではなく、ご祭神の荒《あら》魂《みたま》（荒々しくも力強く活発な働き）を祭る摂社の狭井《さい》神社の霊威をも尊んで、大神神社と狭井神社の二社で祭りが行われ、疫病除けの祭典として二千年来の由緒をもつ。平安時代の『延喜式《えんぎしき》』には鎮花祭に薬草を供えることが記されており、現在も特殊神饌として、薬草の忍冬《すいかずら》と百合根が供えられる。祭典には医薬業者が多数参列、「薬まつり」の名でも知られている。

神楽　奇魂（くしみたま）の舞

▲狭井神社に参進する宮司以下祭員

▼狭井大神に浦安の舞を捧げる

五月 播種祭（はしゅさい）

三輪山を間近に仰ぐ神苑の「大美和の杜」にある神饌田《しんせんでん》。狭井《さい》川の真清水をそそぎ入れ、日の光を浴びて育つ神の稲はご祭神へ供えられる。この神饌田での米作りをお世話いただくのは篤農家で組織される崇敬団体の豊年講。三輪山の新緑も美しい五月に播種祭が行われ、神職が田を祓い清めて、豊年講の方が田作り男の所役で苗代に籾種《もみだね》を撒く。籾種を撒く手には秋の豊かな稔りへの願いが込められる。

ささゆり奉献行列　神社を出で立つ

六月　三枝祭（さいくさのまつり）

奈良市最古の神社、率川《いさがわ》神社で笹百合の祭典が行われる。『大宝律令』（七〇一年）に国家の祭祀として定められたこの祭りは、ご祭神の媛蹈鞴五十鈴姫命《ひめたたらいすずひめのみこと》が笹百合が咲き誇る三輪山麓に住んでおられたことから、ご祭神にゆかりの笹百合の花で罇《そん》・缶《ほとぎ》と呼ばれる酒樽を飾り神前に供える。「三枝《さいくさ》（笹百合の古名）の花をもって酒《み》罇《か》を飾りて祭る。ゆえに三枝という」と祭典名の由来が古記録に記される。百合は薬草であり、その香りにも古代の人々は効能を見出したのであろうか。この祭りは夏のはじめに疫病除けを祈るのである。前日には三輪山の笹百合を率川神社に届ける「ささゆり奉献神事」が新たに加わった。ささゆり音頭を踊る浴衣姿の踊りの社中が花車を先導する。三枝祭当日にはご祭神の五十鈴姫命たちに扮した七媛女《ななおとめ》を先頭に、百合車が優雅に奈良の町を巡行。古代の疫病除けの祭りに新しい行事が合わさり、三枝祭は奈良の初夏を彩る風物詩となっている。

▲花車を先導するささゆり音頭

▼五十鈴姫を先頭に初夏の奈良を行く

▲宮司　黒酒・白酒を奉る

▼笹百合を手に神楽を舞う舞女

▼水口に挿された御幣

六月 御田植祭（おたうえさい）

五月の播種祭《はしゅさい》で撒かれた籾種が無事に成育し、早苗となって御田植を待つ。神饌《しんせん》田《でん》の四周に注連縄が張られ、斎主が神籬《ひもろぎ》にご祭神を招《お》ぎ奉り、御田植の祝詞が奏上される。そして、田長《たおさ》の打ちならす太鼓の音を合図に、白い装束に赤や青の襷をかけた菅笠姿の早乙女、田作り男により早苗が整然と植えられていく。古式ゆかしく、手ずから植えられていく御田植の神事に、自然の恵みに対する深い感謝の念が込められ、そこに日本の原風景が現出する。

六月 夏越の大祓（なごしのおおはらえ）

貧しくも須佐之男命《すさのおのみこと》に一夜の宿を貸した蘇民将来《そみんしょうらい》に、須佐之男命は茅の輪を身につけることで災厄から逃れ得ることを教えたと『風土記』は記す。この故事により夏越の大祓には茅の輪をくぐると言われる。当社でも拝殿前には三ツ鳥居を模した三つの茅の輪が設けられ、それぞれの茅の輪には三輪山の三霊木とされる杉・松・榊が付けられる。六月晦日には祈祷殿前に設けられた祭場で大祓が行われ、宮司以下参列者全員が古歌「水無月《みなづき》の夏越しの祓する人は千歳《ちとせ》の命延《の》ぶといふなり」の古歌を唱えながら茅の輪をくぐり、暑い季節の無病息災を祈るのである。

夏の三輪山

七月　おんぱら祭

大鳥居の南の小さな杜《もり》に綱越《つなこし》神社がある。平安時代の記録に見える古社はお祓いの神を祭り、夏越《なごし》の祓の社として知られる。「綱越」は「夏越」が訛《なま》ったもの。「おんぱら祭」も「御祓い」の転訛《てんか》で、この神社は親しみを込めて「おんぱらさん」と呼ばれる。祭典では神馬引きや茅の輪くぐりが古式に則り行われる。祭りには地元の子供達が踊りの輪に加わり、沿道に夜店が並ぶ。奉納花火が夜空を焦がす頃、地元の夏祭りは最高潮に達する。

▲祭りに花を添えるおんぱら音頭

▼茅の輪をくぐる参列者の列

おんぱら祭の最後を飾る奉納花火

九月 観月祭（かんげつさい）

三輪山から上がる中秋の名月は美しい。夕闇迫るころ、正面参道をはじめ斎庭に灯りが点され、境内は幻想的な雰囲気に包まれる。時刻、灯火に導かれ宮司以下祭員が参進、観月祭が始まる。神前にはお月見にちなみ萩・ススキ、神饌の一台には月見団子が供えられる。雅楽や舞楽の奉納をご祭神が愛でられるころ、山の端から満月が顔を出し、参列者からはその美しさに感嘆の声が漏れる。

大鳥居と彼岸花

十月 抜穂祭（ぬきほさい）

稔りの秋、神饌田《しんせんでん》の稲穂も黄金色に輝き、収穫の時を迎える。神職が神饌田をお祓いした後に、まず宮司が忌鎌《いみがま》をもって稲を一株刈り取る。ついで、白丁《はくちょう》姿に烏帽子《えぼし》を被った豊年講の方々が稲を刈り取り、抜き穂の儀式を奉仕する。長さを整えられた稲穂は麻で束ねられ、田長《たおさ》が三方に載せて、うやうやしく捧げ持ち神前へと進める。収穫されたお米は御饌《みけ》米、神酒の酒米として用いられ、稲藁は注連縄作りに用いられることとなる。

神楽の出を待つ舞女

十月 秋の大神祭（おおみわまつり）

崇神《すじん》天皇の御代にはじまる大神祭は四月と十二月の卯の日に行うことが常であった。二千年余の伝統をもつ十二月の卯の日神事が秋の大神祭にあたる。明治時代に例祭《れいさい》日を定める達しがあり、春の大神祭を例祭と定めた。これにより、秋の大神祭は里の秋祭りの趣きを深め、収穫を感謝し氏子の平安を祈る祭りとなった。祭りの日の午後には青年会の太鼓台や樽《たる》御輿《みこし》、氏子の子供御輿が町中を練り歩く。半被に豆絞りの子供たちの歓声がそこかしこに聞こえ、氏神様の秋ののどかな一日が暮れていく。

しんがりを務める青年会の太鼓台

町を行く子供御輿

樽御輿をさし上げる

十一月 大杉玉掛け替え

酒屋の軒先に掛かる杉玉、酒ばやしとも呼ばれ酒屋のシンボルである。大物主大神は酒の神でもあり、酒屋自身が大神神社の神木とされる霊験ある杉を軒に下げたことが起こりとされる。江戸時代初期の祭礼図屏風などに酒ばやしが描かれたものがある。大神神社の大杉玉は径一・五メートル、重さ二五〇キロにもなる大きなもので、醸造安全祈願祭の前日、一年に一度掛け替えられる。拝殿の前面には飾り樽が並べられ、杉枝が樽を飾り、祭りを待つこととなる。青々とした杉玉に板札をつける巫女の姿が微笑ましい。

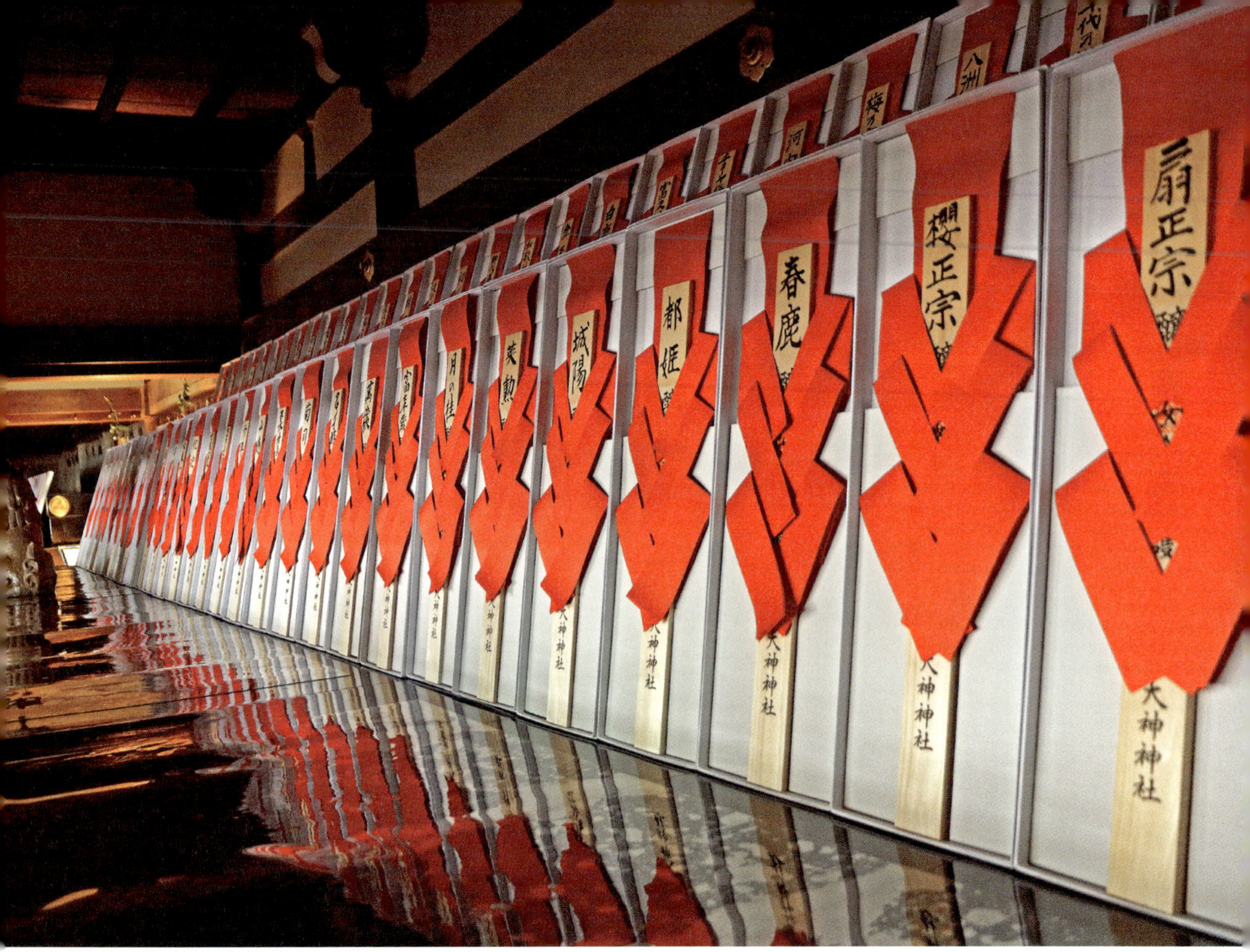

十一月

醸造安全祈願祭（酒まつり）

「この神酒《みき》は私が造ったのではない。大和の国を造られた大物主大神のご神助で成ったのです。御代が久しく栄えますように」。崇神《すじん》天皇に神酒を醸《かも》すように命じられた高橋活日命《たかはしのいくひのみこと》はこの歌を詠み、天皇以下群臣は夜もすがら酒宴を楽しまれたと『日本書紀』は記す。大物主大神は酒造りの神として尊ばれ、三輪の美酒は人々に知られていたのであろう。三輪の地は「味酒《うまざけ》の三輪」と枕詞を冠して『万葉集』に詠われるのである。酒造りの神を称え、新酒の醸造の安全を祈る祭りには全国の酒造関係者が集まり、活日命の歌で作られた「うま酒みわの舞」を巫女が舞う。この祭りの後、銘柄を墨書した醸造安全の御幣と酒屋のシンボル「しるしの杉玉」が全国の酒造家に配られるのである。

この神酒は　わが神酒ならず
倭なす　大物主の　醸みし神酒
いく久　いく久

日本書紀歌謡　高橋活日命

十一月 新嘗祭（にいなめのまつり）

新穀の収穫を感謝する祭りが大祭式にて執行される。その起源は稲作が始まった弥生時代ともいわれ、『万葉集』にも新《にい》嘗《なめ》のことが詠われる。現在も宮中をはじめ全国の神社で祭典が執り行われており、当社では神饌田《しんせんでん》で収穫された稲穂と、その米で醸造された濁酒を神前に献供《けんく》する。祭典では崇神《すじん》天皇の御代に天照大御神を倭笠縫邑《やまとかさぬいのむら》にお遷ししたさまを詠った神楽歌で作られた神楽「磯城《しき》の舞」を巫女が神前に奉納する。

御饌井に供えられた神饌

うまさけ　三輪のはふりが　やまてらす　あきのもみぢの　ちらまくをしも
万葉集　巻八・一五一七　長屋王

十二月 大注連縄掛け替え

師走を迎え、神社は迎春準備に忙しい。新年を迎えるにあたり、境内の大注連柱《おおしめばしら》の注連縄も真新しいものに掛け替えられる。その昔は参道の木に注連縄を掛け渡す綱掛け神事が行われていた。その名残りを留める注連柱に掛ける大注連縄は、大阪府岸和田市の篤信団体の奉納。参拝者も加わり、重さ三五〇キロにもなる大注連縄が白い曳き綱で引き上げられる。皆が晴れやかな顔で注連縄を見上げている。来る年が佳き年であることを願って。

十二月

年越の大祓（としこしのおおはらえ）

大晦日に半年の罪・穢れを祓い、清清しく新年を迎えるための大祓《おおはらえ》が行われる。祈祷殿前に設けられた祭場で、神職が祓《はらえ》つ物の木綿《ゆう》と麻を八つに切り裂く。布が切り裂かれる音も祓えに通じるのだ。参列者も人形《ひとがた》に罪・穢れを託す。心身の清浄を期すことで神明に近づくことができるのである。来年もまた、元旦の繞道祭に始まり年越の大祓まで祭りが繰り返されて行く。祭りを厳粛に繰り返すことで、神への祈りを祖先から受け継ぎ、子孫に伝えて行くことができる。その祭りの循環こそが永遠なのであろう。

三輪山を　しかも隠すか　雲だにも　心あらなも　隠さふべしや

万葉集 巻一・一八　額田王

井寺池からの三輪山

玉列神社椿まつり

一年の祭事表

祭典月	祭典日	祭典時間	祭典名
一月	一日	午前零時	御神火拝戴祭
		午前一時	繞道祭・十八社めぐり
		午前五時	四方拝
	八日	午前十一時	献燈祭
	十五日	午前八時	大とんど（於 祈祷殿前斎庭）
二月	三日	午前十一時	節分祭　福寿豆撒き式
	四日	午前十時	立春祭
	五日	午後二時	卜定祭
	六日	午前十時半	おんだ祭　豊年講大祭
	十一日	午前九時	紀元祭
	十五日	午前十時	天つ金木焼上神事（講社崇敬会月次祭に引き続き）（於 祈祷殿前斎庭）
	十七日	午前十時	祈年祭
三月	初午日	午前十一時	成願稲荷神社例祭（於 成願稲荷神社）
	二十日	午前十一時	植樹祭
	第四土曜日	午前十一時	春の講社崇敬会大祭　第一日目（於 祈祷殿）
	第四日曜日	午前十一時	春の講社崇敬会大祭　第二日目（於 祈祷殿）
	最終日曜日	午前十一時	玉列神社椿まつり（桜井市慈恩寺鎮座）
四月	八日	午前十時	大直禰子神社（若宮）例祭（於 大直禰子神社）
		午後五時	春の大神祭宵宮祭
	九日	午前十時	春の大神祭
		午後一時	若宮神幸祭
	十日	午前十時	春の大神祭後宴祭
		正午	後宴能（於 祈祷殿前特設舞台）
	十八日	午前十時半	鎮花祭（薬まつり）
	二十九日	午前九時	昭和祭（今日庵奉仕の年は午前八時半）
		午前十一時	献茶祭（今日庵奉仕の年は午前十時）（於 祈祷殿）
五月	五日	午前十一時	久延彦神社就学安全祈願祭（於 久延彦神社）
	十二日	午前十時半	播種祭（於 大美和の杜神饌田）

さまざまな巫女のかんざし

六月	十六日	午前九時半	ささゆり奉献神事安全祈願祭
	十七日	午前十一時半頃	ささゆり奉献行列巡行（奈良市三条通他）
		午前十時半	率川神社三枝祭（ゆりまつり）（於 率川神社）
		午後一時十五分	七媛女・百合姫・稚児行列巡行
	二十五日	午前十時	御田植祭（於 大美和の杜神饌田）
	三十日	午後三時	夏越の大祓　みわの茅の輪神事（於 祈祷殿前斎庭）
七月	三十日	午後四時半	綱越神社宵宮祭（於 綱越神社）
	三十一日	午前十時	綱越神社例祭（おんぱら祭）（於 綱越神社）
八月	七日	午後二時	七夕祭
九月	一日	午前十一時	久延彦神社例祭（於 久延彦神社）
	中秋	午後六時半	観月祭（於 祈祷殿前斎庭・暦で十月の時あり）
	敬老の日	午前十時	郷中敬老祭
	第四土曜日	午前十一時	秋の講社崇敬会大祭　第一日（於 祈祷殿）
	第四日曜日	午前十一時	秋の講社崇敬会大祭　第二日（於 祈祷殿）
十月	十二日	午前十時半	玉列神社例祭（桜井市慈恩寺鎮座）
	二十日	午前十時	抜穂祭（於 大美和の杜神饌田）
	二十三日	午後三時	秋の大神祭宵宮祭
	二十四日	午前十時	秋の大神祭
	二十五日	午前十時	秋の大神祭後宴祭
十一月	三日	午前十時	明治祭・講社崇敬会神符頒布祭
		午後一時	献詠祭
	十四日	午前十時半	醸造安全祈願祭（酒まつり）
	十五日	午前十時	七五三詣成育安全祈願祭（講社崇敬会月次祭に併せ）
	二十三日	午前十時	新嘗祭　農林産物品評会
十二月	三日	午前十一時	献菓祭
	第一日曜日	午前十一時	久延彦神社入試合格安全祈願祭（於 久延彦神社）
	十五日	午前十時	豊年講米初穂献納奉告祭（講社崇敬会月次祭に併せ）
	二十三日	午前十時	天長祭
	三十一日	午後二時	年越の大祓（於 祈祷殿前斎庭）
		午後三時	除夜祭
毎月	一日	午前十時	月次祭（但し、一月一日はなし）
	十五日	午前十時	講社崇敬会月次祭並交通安全祈願祭
	上の卯の日	午前十時	卯の日祭（但し、卯の日が月三回ある時は中の卯の日）

境内・摂末社紹介

三輪山
⑲薬井戸
⑲狭井神社
授与所
登拝申込所
⑲三輪山登拝口
手水舎
⑰市杵島姫神社
山の辺の道
至
㉑桧原神社・天理
茶店
茶店
⑫磐座神社
⑯活日神社
⑮くすり道
②三ツ鳥居
到着殿
①拝殿
勅使殿
清明殿
⑤神宝神社
大行事社
⑥天皇社
山の辺の道
至平等寺
金屋の石仏・桜井
③参集殿
総合案内所
④巳の神杉
手水舎
授与所
南西回廊
古神符納所
⑩衣掛の杉
⑦成願稲荷神社
③儀式殿
③祈祷殿
地下休憩所
しるしの杉
手水舎
社務所
昭和の間
1F 平成の間
杉・桂の間
2F 大広間
大禮記念館
三輪山会館
⑨夫婦岩
大美和の杜
⑬展望台
(恋人の聖地)
至神饌田
絵馬掛処
⑳久延彦神社
休憩所
展望鏡
⑭宝物収蔵庫
⑧祓戸神社
⑪ささゆり園
古神符納所
参道
自動車お祓所
二の鳥居
琴平社
おだまき杉
⑱大直禰子神社
(若宮社)
御誕生所社
シャトルバス
停車場
至大鳥居
N
近鉄奈良駅
三条通
JR奈良駅
㉒率川神社
やすらぎの道
N

① 拝殿

寛文4年(1664年)徳川四代将軍家綱公により再建。桧皮葺き切妻造の主棟に唐破風《からはふ》の大向拝《こうはい》がつく豪壮な社殿は国の重要文化財。拝殿内部は正中が一段下がった割り拝殿の形式をとり、左右に二段の御棚《みたな》が設けられる。

② 三ツ鳥居《みつとりい》

「一社の神秘なり」と古文書に記され、本殿にかわるものとして神聖視されてきたが、創建の由緒は未詳。明神型の鳥居を横一列に三つ組み合わせた独特の形式で「三輪鳥居」とも呼ばれる。国の重要文化財。

④ 巳《み》の神杉《かみすぎ》

ご祭神の化身の蛇が杉の洞から出入りすることから「巳の神杉」の名がつけられる。蛇は親しみを込め巳さんと呼ばれ、巳さんの好物の卵がお供えされる。

⑦ 成願稲荷神社《じょうがんいなりじんじゃ》

当社の神宮寺の一つ、浄願寺の鎮守社として正応3年(1290年)に創祀。稲荷神を祭り、商売繁昌・念願成就の霊験があらたか。

⑤ 神宝神社《かんだからじんじゃ》

熊野三山の神を祭る。神社名の通り、お宝・財産を守る神として古くから信仰される。

⑧ 祓戸神社《はらえどじんじゃ》

参道を進み御手洗川を渡る所に鎮座し、諸々の罪・穢れを祓う祓戸の四神を祭る。

⑥ 天皇社《てんのうしゃ》

第十代崇神天皇を祭る。神祇の制度を定め、国家を整えて、大和朝廷の基を確立された数々の聖績から初国治《し》らす天皇と称えられる。

③ 祈祷殿《きとうでん》・儀式殿《ぎしきでん》・参集殿《さんしゅうでん》

平成の大造営で平成9年に竣功した平安朝様式の三殿。桧造りの社殿では日々の祈祷奉仕や結婚式を執り行う。

⑫ 磐座神社《いわくらじんじゃ》

神の鎮まる磐座、三輪山麓の辺津磐座の一つとされ、少彦名神《すくなひこなのかみ》をお祭りする。ご祭神は医薬治病の方法を定め、薬の神様の信仰を集める。

⑪ ささゆり園

ご祭神の御子、媛蹈韛五十鈴《ひめたたらいすず》姫命《ひめのみこと》にゆかりの笹百合。絶滅が危惧されるこの笹百合を復活させるために植栽された回遊式の散策路。5月下旬から6月上旬に可憐な花を咲かせる。

⑩ 衣掛《ころもがけ》の杉《すぎ》

謡曲『三輪』で玄賓僧都が女人に貸し与えた衣が掛かっていたという伝説の神杉。周囲10メートルの株が残る。

⑨ 夫婦岩《めおといわ》

ご祭神と活玉依姫《いくたまよりひめ》という女性の恋の物語である三輪山説話を伝える古蹟とされ、縁結び・恋愛成就・夫婦円満の霊験あらたか。

⑱ 大直禰子神社《おおたたねこじんじゃ》

ご祭神の大直禰子命(大田田根子命)は大物主大神の神孫で、第十代崇神天皇の御代に疫病が大流行するという国難が起こった際に、神託により和泉国から召され、大神を祭る神主になられた。すると疫病は治まり国が平和になったと伝わる。

この神社は若宮社とも呼ばれ、例祭では若宮のご分霊が神輿に遷され、三輪の町中を巡る若宮神幸祭が行われる。現在の本殿は神宮寺であった大御輪寺の本堂を改築したもので、創建当初の部材も残っており、神宮寺遺構として貴重で国の重要文化財に指定されている。

⑬ 大美和の杜展望台

大美和の杜は昭和60年に竣功した自然公園で、自然に憩い、歴史を懐古することを目的に造られた。中でも展望台からの大和国原の眺望は格別に素晴らしい。

⑯ 活日神社《いくひじんじゃ》

崇神天皇の命により、ご祭神に供える神酒を醸す掌酒《さかひと》(杜氏)となった高橋活日命を祭る。一夜にして美味なる酒を造ったとされ、杜氏の祖神として尊崇される。

⑭ 宝物収蔵庫《ほうもつしゅうぞうこ》

三輪山麓から出土した祭祀遺物、伝世の御神宝、神宮寺関係史料等を収蔵。三輪山信仰の諸相を窺い知ることができる。

⑰ 市杵島姫神社《いちきしまひめじんじゃ》

安芸の宮島や、福岡の宗像大社と同じ神で、水の神の市杵島姫命を祭る。福徳・芸能を司どる弁財天と習合し、弁天さんと親しまれている。

⑮ くすり道

平成の大造営に際し、薬の神である狭井神社への参道に薬業関係者が薬木類を記念植栽し、くすり道と命名される。

薬井戸

⑲ 狭井神社《さいじんじゃ》

第十一代垂仁天皇の御代の創祀。大物主大神の荒魂《あらみたま》をお祭りする。活発な神霊のお働きにより疫病を鎮める病気平癒の神として信仰を集める。本社と共に行われる鎮花祭は『大宝律令』(701年)に国家の祭祀として定められた由緒をもつ。拝殿脇の薬井戸から湧き出る御神水は病気平癒の霊験あらたかとされる。また、三輪山への登拝口があり、この神社で許可を受けて入山することができる。

⑳ 久延彦神社《くえひこじんじゃ》

ご祭神の久延毘古命《くえびこのみこと》は『古事記』に知恵がたいそう優れ、世の中の事をことごとく知っている神様として記される。智恵・学問の神様として信仰を集め、受験シーズンには多くの参拝がある。

◀三輪山遥拝所

㉑ 桧原神社《ひばらじんじゃ》

第十代崇神天皇の御代、宮中よりはじめて天照大御神を皇女豊鍬入姫命《とよすきいりひめのみこと》に託され、お遷しになられた「倭笠縫邑《やまとかさぬいのむら》」の地とされる。大御神が伊勢にご遷幸のあとも神蹟を尊崇し、桧原神社としてお祭りし、「元伊勢」として今に伝える。本社と同じく本殿を設けず、三ツ鳥居を通して神座を拝する形をとっている。初代斎宮《いつきのみや》の豊鍬入姫命を尊崇し、昭和61年玉垣内に豊鍬入姫宮を創建した。

境内からの二上山の夕日▶

奈良市本子守町鎮座の境外摂社

㉒ 率川神社《いさがわじんじゃ》

奈良市に鎮座する境外摂社。推古天皇元年(593年)に三輪君白堤《みわのきみしらつつみ》が勅命により創祀した、奈良市最古の神社である。『延喜式』に率川坐大神御子神社とあり大物主大神の御子、媛蹈韛五十鈴姫命《ひめたたらいすずひめのみこと》を祭る。中殿に姫神、左右の御殿に御父神と御母神を祭る形から子守明神と称えられ、安産・育児・成育安全・夫婦円満の神様として信仰される。例祭の三枝祭は鎮花祭同様に『大宝律令』(701年)に国家の祭祀として行うことが定められた疫病除けの祭り。

山の辺の道

山の辺の道は大和盆地をとりかこむ山青垣の東側の山麓を縫って、三輪から奈良に通じる日本最古の道です。『古事記』に崇神《すじん》天皇の山陵を「山辺道勾之岡上《やまのへみちのまがりのおかのへ》」と記すことからも、古代にこの道があったことが解ります。古代の市場で、歌垣でも有名な海柘榴市《つばいち》から、大神神社、玄賓庵、桧原神社、景行天皇陵、崇神天皇陵、長岳寺を経て石上神宮に至る約一五キロが、主要なハイキングコースになっており、高台から眺める大和国原の景色も素晴らしいものがあります。ルート上には万葉歌碑も点在し、歌を鑑賞しながら景色を眺めることで万葉びとのこころを追体験できることでしょう。

また、少し寄り道をすれば、纒《まき》向《むく》遺跡、箸墓《はしはか》古墳や黒塚古墳など古代史のロマンを秘めた史跡もあります。山の辺の道はこのように古代の面影をよく残し、古の人々の息づかいが感じられ、道を歩く我々を遥か昔の古代の世界に誘ってくれます。

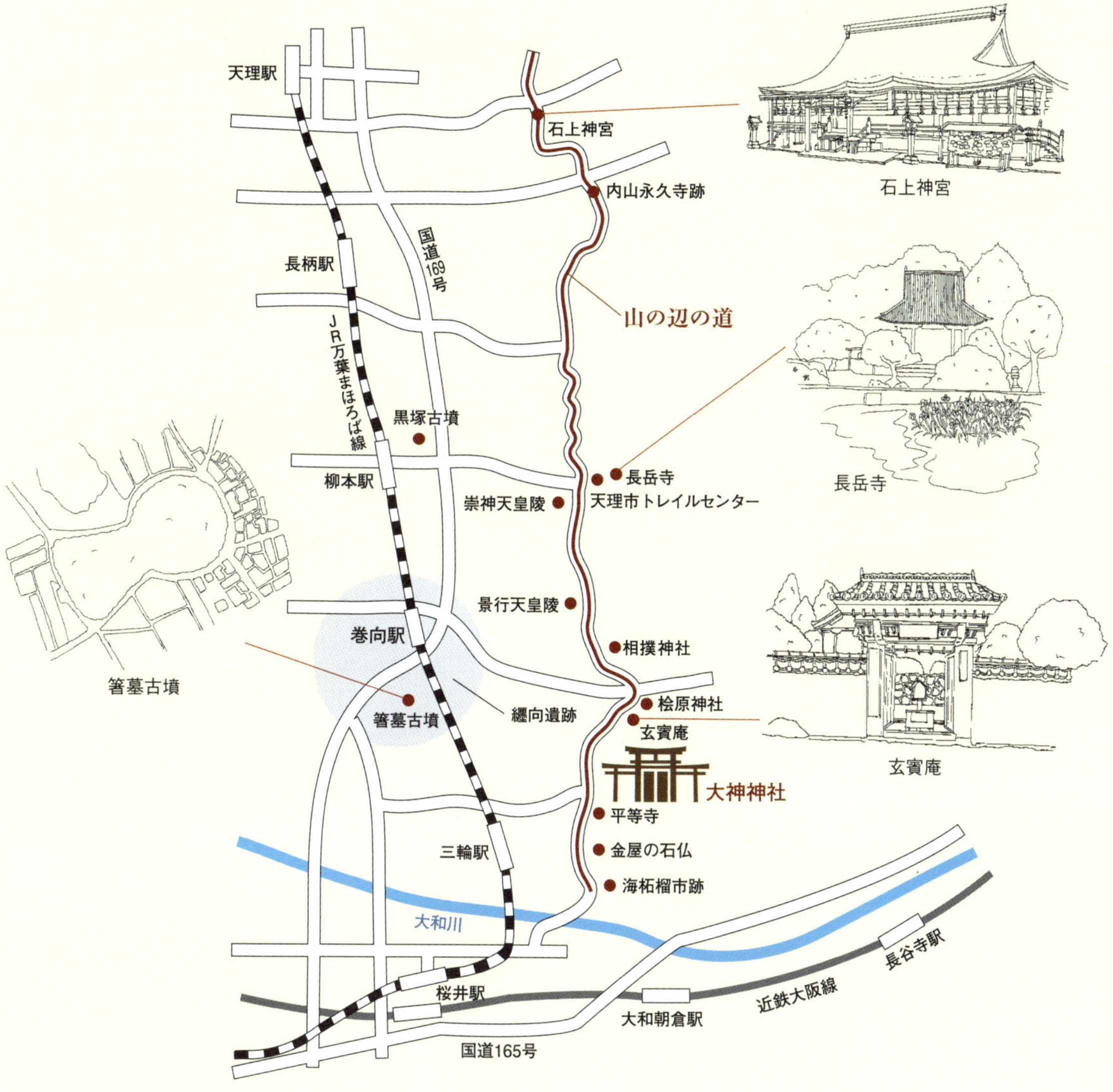

大神神社の宝物

三輪山麓出土　提瓶

三輪山麓出土　横瓶

狭井河之上出土　台付長頸壺

狭井河之上出土　高杯

三輪山麓・狭井河之上《さいかわのほとり》出土 祭祀遺物（古墳時代）

三輪山麓の各所から須恵器などの祭祀遺物が発掘されている。狭井川付近より出土したものは、巨石の側に須恵器や臼玉などが須恵器の大甕の中に入った形で埋納され、磐座祭祀の証しとなっている。特に須恵器は当時の大生産地の和泉国陶邑《すえむら》から搬入されたものであり、神託により当社の神主になった神孫の大田田根子命《おおたたねこのみこと》の出生地と重なり注目される。

禁足地出土祭祀遺物（古墳時代）

三ツ鳥居奥の禁足地は往古より不可侵の聖域とされてきた。但し、近接建物修繕や防火設備等の工事で偶然に子持勾玉や土師器、滑石製模造品（有孔円板・勾玉・臼玉）などの祭祀遺物が見つかっている。子持勾玉は親玉が子玉を生じて増加する形から多産増幅の呪力を秘めるとされる祭祀用具で、禁足地が古代祭祀の祭場であったことを物語っている。

杯　坩

子持勾玉

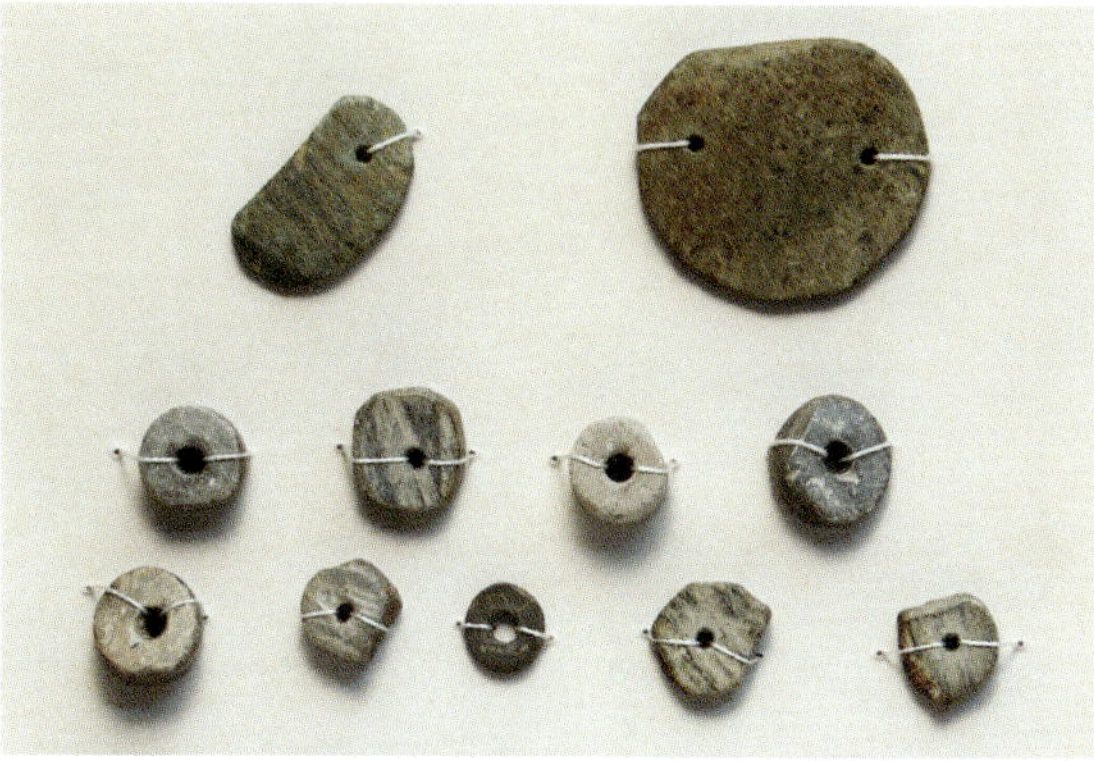

滑石製模造品

山ノ神出土祭祀遺物（古墳時代）

三輪山麓、狭井川の上流で、大正七年に民有地であった所を開墾しようと大岩を除いたところ、素文鏡、勾玉、滑石製や土製の模造品、須恵器、鉄片等の祭祀遺物が大量に発見された。中でも注目されるのが土製模造品で、平安期の『延喜式』の醸酒の祭料品目と類似しており、これらの品々は造酒のご神徳にちなんで捧げられたと推測される。

山ノ神祭祀遺跡

土製模造品

伝世の御神宝類

本殿をもたない当社には禁足地内に神庫があり、宝物が伝世されてきた。鎌倉時代の朱漆金銅装楯（重要文化財）は儀式用木楯として貴重なものであり、大国主大神木像（県指定文化財）は忿怒《ふんぬ》の表情に古式を留めて作例の少ないものである。伝世の御神宝類は永きに亘る三輪山信仰の様々な姿を今に伝えてくれている。

大国主大神木像　県指定文化財　平安時代後期

朱漆金銅装楯　重要文化財　鎌倉時代

矢母呂一具　南北朝時代

高杯　県指定文化財　南北朝時代

湖州鏡　県指定文化財

松喰鶴文鏡　鎌倉時代

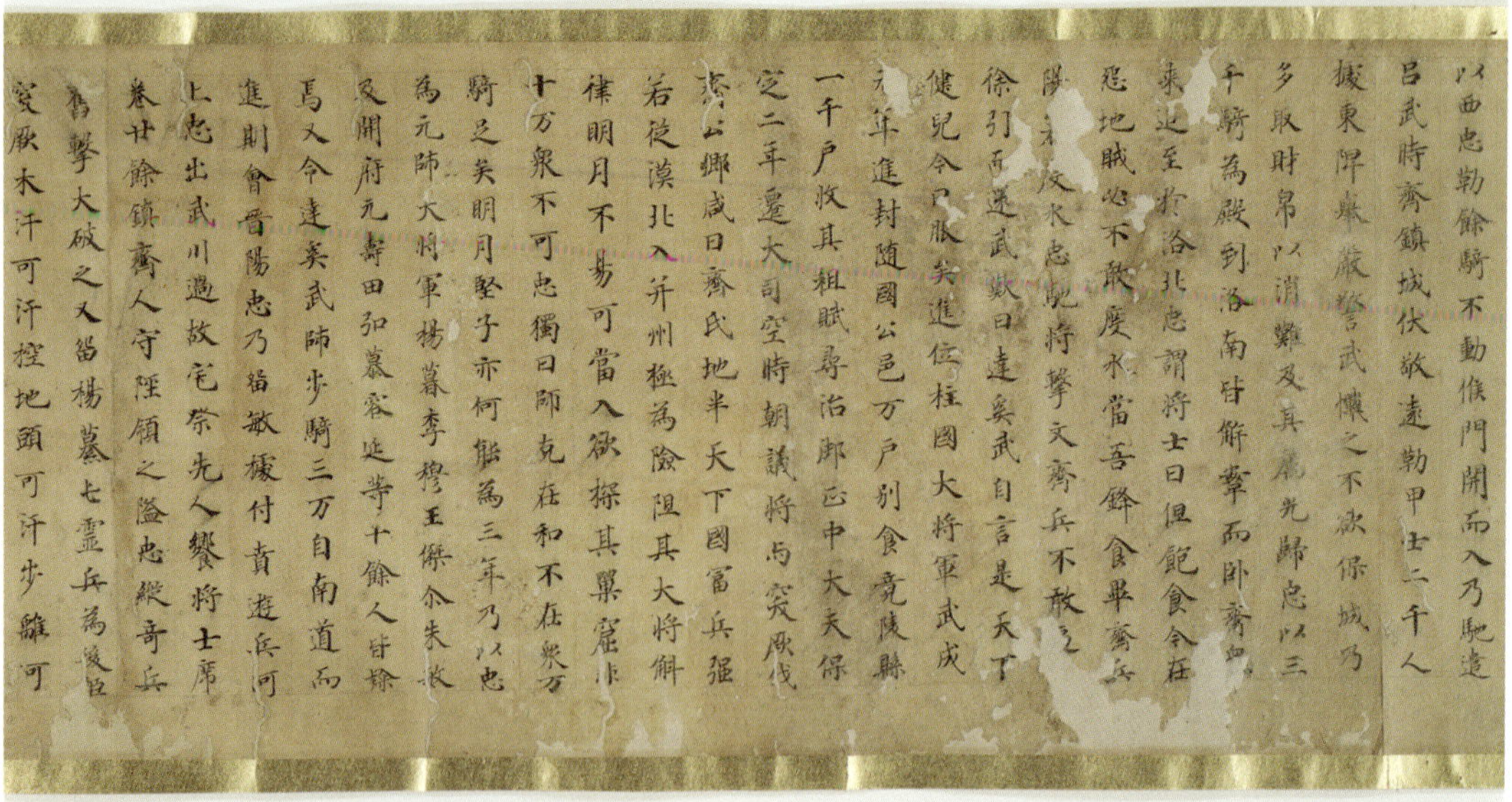

周書断簡　重要文化財　平安時代

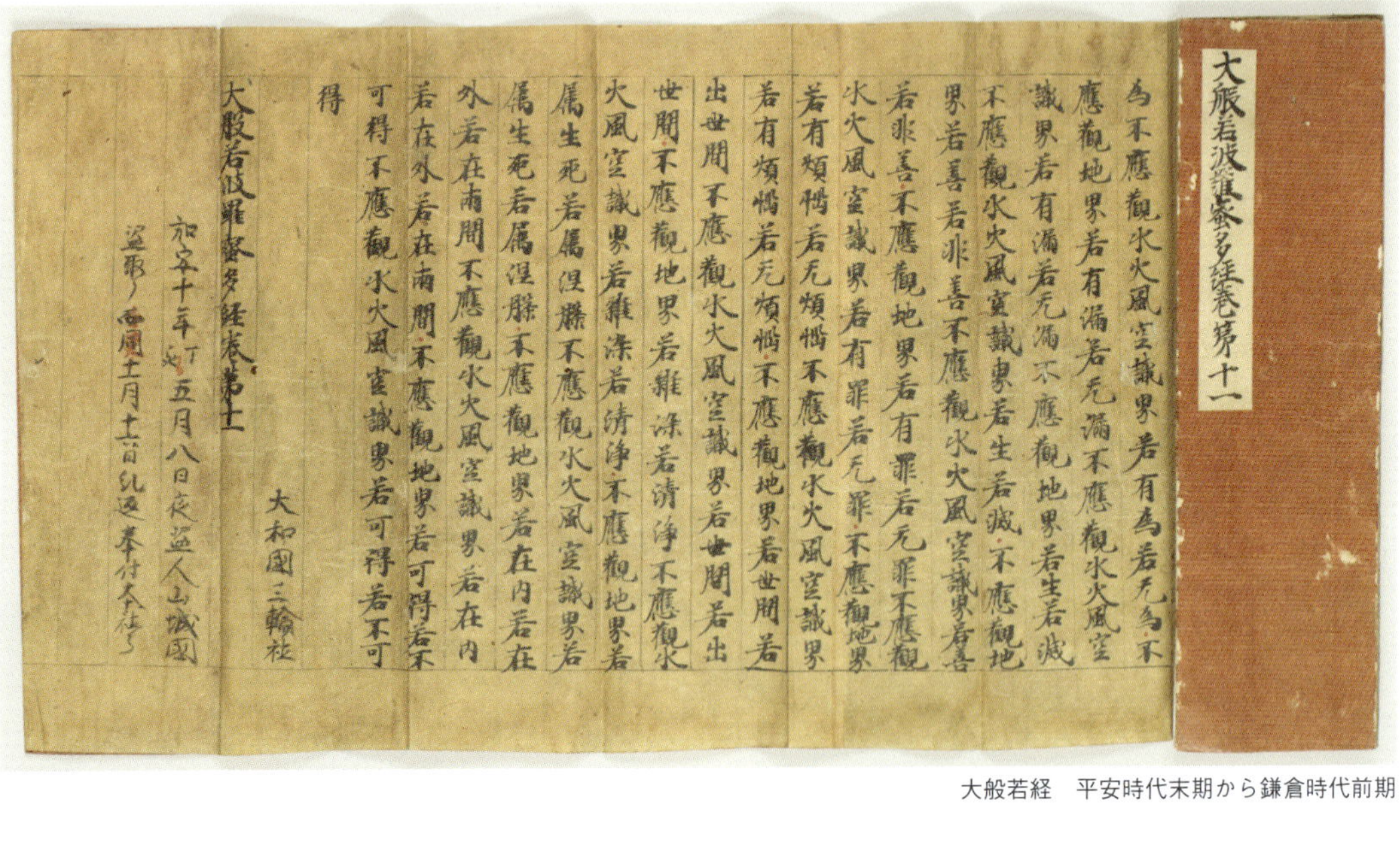

大般若経　平安時代末期から鎌倉時代前期

神宮寺関係史料

神宮寺として大神寺が奈良時代に成立し、当社でも早くに神仏習合が始まっていた。大神寺（後の大御輪寺）や平等寺、浄願寺が明治の神仏分離まで寺勢を誇っていたとされる。若宮社（旧大御輪寺本堂）の屋根裏からは周書断簡（重要文化財）が発見された。本社旧経蔵に収められていた大般若経の一番古い年号は元永三年（一一二〇年）であり、三輪山絵図は当社の中世の姿を知る上で貴重な宮曼荼羅である。

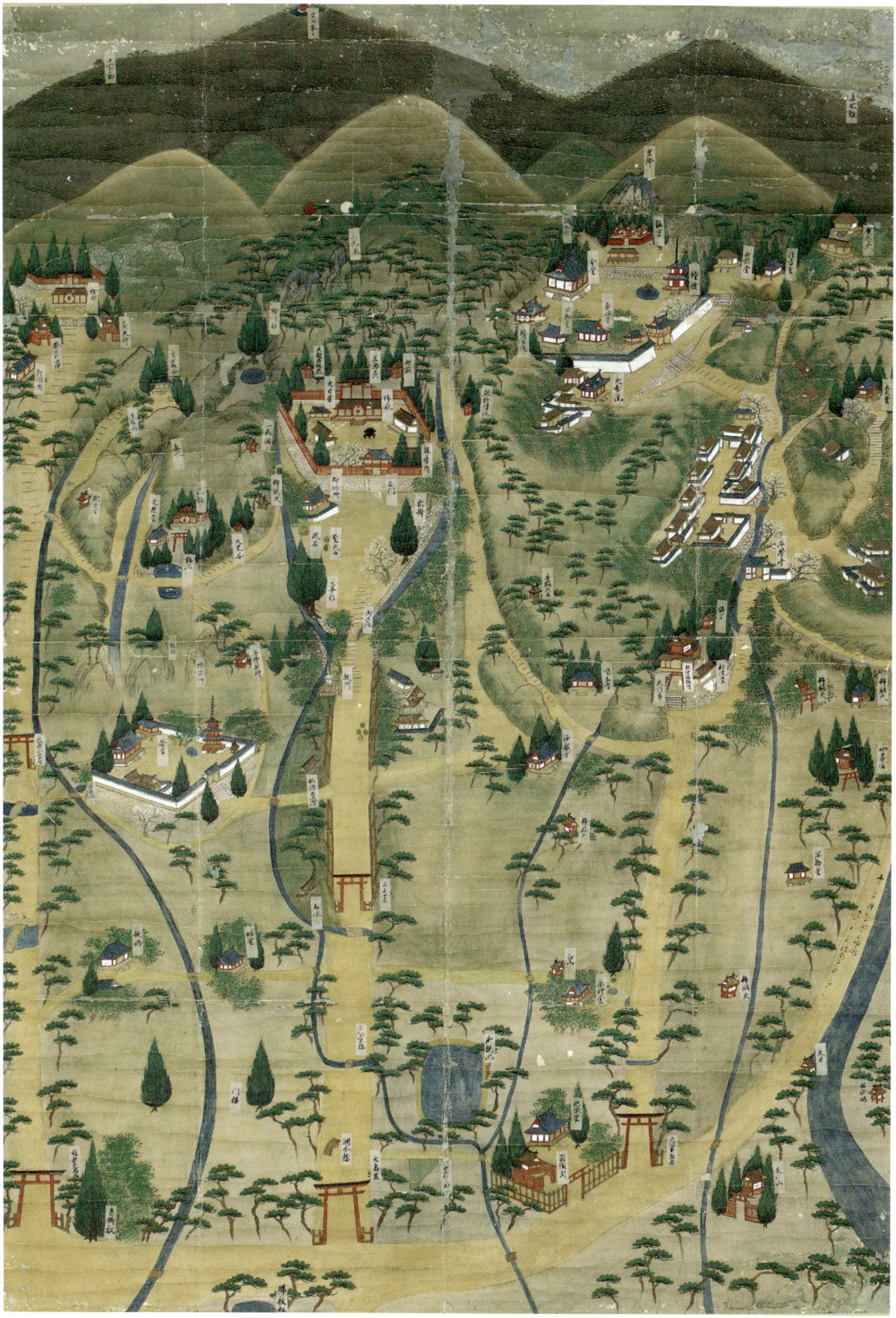

三輪山絵図　室町時代

大神神社略年表

和暦年	西暦年	事項
		縄文遺跡——三輪遺跡・箸中《はしなか》遺跡
		弥生遺跡——芝遺跡・大福遺跡・纒向《まきむく》遺跡
崇神三年		崇神《すじん》天皇、都を磯城瑞籬宮《しきみずがきのみや》に遷《うつ》す
崇神七年		十一月、大田田根子《おおたたねこ》を大物主神《おおものぬしのかみ》を祭る神主とする
二世紀末〜四世紀中頃		纒向《まきむく》遺跡（大規模集落として栄える）
三世紀頃		箸大墓（倭迹迹日百襲姫命《やまとととひももそひめのみこと》大墓）造築
七世紀頃		茅原《ちはら》弁天社（末社・富士、厳島神社）古墳造築。この頃、三輪の海柘榴市《つばいち》の最盛期
天武元年	六七二	壬申《じんしん》の乱。箸中付近において三輪高市麻呂《たけちまろ》奮戦し、近江軍を破る
天武五年	六七六	相嘗《あいなめ》祭の班幣《はんぺい》に預る
天武十三年	六八四	十月、八色《やくさ》の姓《かばね》を定める。十一月、大三輪君等五十二氏、朝臣《あそん》の姓を賜る
持統六年	六九二	二月、中納言三輪朝臣高市麻呂、持統天皇の伊勢行幸を諫《いさ》める。
大宝元年	七〇一	鎮花祭・三枝祭、国の祭りと定められる。神祇《じんぎ》令に「季春・鎮花祭、孟夏・三枝祭」と見える
天平寶字頃		沙門浄三《しゃもんきよみ》、大神寺《おおみわでら》で六門陀羅尼経《ろくもんだらにきょう》を講ず
天平神護元年	七六五	大神神社神封百六十戸
大同元年	八〇六	この年の牒、神封として、大神神百六十戸、率河神六戸、佐為（狭井）神二戸と載す
貞観元年	八五九	二月、神階正一位にのぼる
延長五年	九二七	『延喜式』五十巻成る。大神神社は大神大物主神社として「名神、大、月次、相嘗、新嘗」と記載される。「神名式」に率川坐大神御子《いさがわにますおおみわのみこ》神社三座、神坐日向《みわにますひむかい》神社、狭井坐大神荒魂《さいにますおおみわのあらみたま》神社五座、玉列《たまつら》神社、綱越《つなこし》神社登載。また、鎮花祭・三枝祭・大神祭（夏四月、冬十二月）の規定が見える
長保二年	一〇〇〇	大神神社宝殿鳴動《ほうでんめいどう》により二十一社に奉幣《ほうべい》
治承四年	一一八〇	平重衡《たいらのしげひら》、東大寺・興福寺を焼き、率川《いさがわ》社焼失。御神体神宝、興福寺一言主《ひとことぬし》社へ遷す
弘安八年	一二八五	十月、叡尊《えいぞん》、神託により神宮寺の大神寺を大御輪寺と改める
文保元年	一三一七	三輪社造営

文保二年	一三一八	『三輪大明神縁起』成る
正平十六年	一三六一	この頃、大神分身社百数十社におよぶ
応永十二年	一四〇五	三輪山の木、虫害により約六千本枯れる
永禄十二年	一五六九	この頃より三輪素麺広く販売される
天正七年	一五七九	織田信長の命により、宇治橋の用材として三輪山の木七百本程伐られる
文禄二年	一五九三	郡山城主・豊臣秀保、普請奉行となり、大神社修復
文禄四年	一五九五	九月、豊臣秀吉、三輪大宮・若宮社に計九十五石の社領寄進
寛永十三年	一六三六	十一月、幕府より、三輪大宮領六十石、同若宮領三十五石寄進される（以後、幕末まで安堵される）
寛文四年	一六六四	三月、幕府、高取藩主・植村家吉を造営奉行として拝殿を造営
寛文六年	一六六六	三月、奈良奉行、三輪山を当社神地と定める
享保十九年	一七三四	檜原《ひばら》神社倒壊
慶応二年	一八六六	八月、暴風雨のため三輪の木、一万二千本余倒れる
明治元年	一八六八	三月、神仏分離。神宮寺の平等寺・大御輪寺廃される
明治四年	一八七一	五月、神職の世襲が廃止される。大神神社、官幣大社に列す
明治六年	一八七三	九月、境内地について、御諸山《みもろやま》一山を社地と相定め、左右裏手とも山の足曳《あしひき》を以て境界とする旨、教部省《きょうぶしょう》より達書《たっしょ》
明治十年	一八七七	三月、摂社（狭井《さい》神社以下十社）が指定される
明治十二年	一八七九	春日大社より大神神社へ、率川《いさがわ》神社引き渡される
明治十五年	一八八二	大神教会創設
明治十六年	一八八三	一月、三ツ鳥居・瑞垣補修、覆屋設置
昭和二十一年	一九四六	六月、宗教法人「大神神社」設立登記
昭和二十四年	一九四九	十二月、三輪山をはじめ国有であった境内地全てが神社に無償譲与される
昭和四十三年	一九六八	明治百年記念事業として神楽殿・宝物収蔵庫・社務所・大礼記念館新館の造営開始
昭和五十九年	一九八四	十月、天皇陛下御親拝《ごしんぱい》、臨時大祭斎行
昭和六十年	一九八五	三月、大美和の杜竣工。大神神社境内（三輪山）が国の史跡に指定される
昭和六十一年	一九八六	五月、大鳥居・一の鳥居竣工。十一月、桧原神社境内に豊鍬入姫宮《とよすきいりひめのみや》鎮座
平成元年	一九八九	十月、重要文化財大直禰子《おおたたねこ》神社社殿解体修理竣工
平成九年	一九九七	五月、「平成の大造営」第一期工事、祈禱殿・儀式殿・参集殿竣工
平成十年	一九九八	九月、台風により三輪山の木、一万本余倒れる
平成十一年	一九九九	九月、「平成の大造営」第二期工事、拝殿の保存修理竣工
平成十九年	二〇〇七	六月、県指定文化財率川《いさがわ》神社本殿保存修理竣工

大神神社（おおみわじんじゃ）

奈良県桜井市三輪一四二二
TEL〇七四四-四二-六六三三
FAX〇七四四-四二-〇三八一
URL http://www.oomiwa.or.jp/

【電車で】
JR万葉まほろば線三輪駅から徒歩五分

【バスで】
平日：JR・近鉄桜井駅北口から天理駅行き奈良交通バスで、三輪明神参道口下車、二の鳥居まで徒歩約十分
土・日・祝日：JR・近鉄桜井駅北口から大神神社二の鳥居前行きシャトルバスで約十五分（ただし、年末年始など運行中止日あり）

【マイカーで】
西名阪自動車道天理ICから国道一六九号経由、約二十分

＊本書掲載の万葉歌・日本書紀歌謡は小学館『新編日本古典文学全集』により、一部漢字をひら仮名に改めた。

＊写真
表紙：三輪山の昇陽
表折り返し：拝殿の大杉玉
裏表紙：あかりの灯る参道
裏折り返し：三輪山と井寺池の桜

大神神社——四季の祭り——

平成二十六年十一月二十日　初版発行

●—編集・発行
宗教法人 大神神社
〒六三三-八五三八　奈良県桜井市三輪一四二二
TEL〇七四四-四二-六六三三
FAX〇七四四-四二-〇三八一

●—制作
株式会社飛鳥園

●—文
大神神社広報課

●—撮影
若松保広（飛鳥園）

●—デザイン
福本事務所

●—印刷
共同精版印刷株式会社

Printed in Japan
ISBN978-4-9908060-0-2